Αίλουρος

Анна Цветкова

ВИНИЛ

Ailuros Publishing
New York
2015

Редактор Елена Сунцова.
Художник обложки Ирина Глебова.
Фотография Михаила Абанина.
Подписано в печать 12 марта 2015 года.

Vinyl
Poems by Anna Tsvetkova
Ailuros Publishing, New York, USA
www.elenasuntsova.com

Copyright © 2015 by Anna Tsvetkova, text.
Copyright © 2015 by Irina Glebova, cover design.
Copyright © 2015 by Mikhail Abanin, photo.
All rights reserved.

ISBN 978-1-938781-35-3

вернуться в комнату не зажигая света
где нет того но существует это
и сослепу предмет который ближе
ты в памяти всегда но это ты же

суметь прикрыть глаза для возвращенья
той жилки что едва видна на шее
когда смеёшься_запаха рубашки
так в темноте не будет страшно

а после подобрать себе запчасти
руки ребра холодного запястья
прижавшись лбом к стеклу пока не спится
глядеть как жизни едет колесница

непоправимо выпала зима
на стол как две четвёрки в кости
твержу одно_сама сама сама
сжимая ягоды рябиновые горстью

и хрупок свет но клятва не мертва
о том что мы переживём углы и ветки
где поручни во льду и смерть права
что мы конечны и упрямо смертны

теперь не докричишься до тепла
но есть рука в руке любви на память
и это стало во главе угла
когда всё прочее пришлось оставить

а свет горит себя не грея
и дым идёт под потолок
теплом бездушным батарея
и темнотою уголок

то приоткрою то закрою
дверь чтобы не скопилось зла
есть вещи посильнее горя
наверно жизнь из их числа

тебя упрекает как будто сгорая дотла
последняя фраза а там абонент недоступен
другое строение жизни которая та
что лезвия остриё любовью затупит

рубашечный вырез и тонкое горло насквозь
какими бывают ещё например аргументы
полночное озеро вместе со смертью срослось
ты плещешься посередине не ведая где ты

так вплавь пробиваешься тихо к другим берегам
где вечное лето и петь соловьи не устали
когда приближаешь лицо к опустевшим рукам
и привкус во рту крови металла и стали

не спать уже умело сниться
кому_то вдруг пока ладонь
прижатая к глазам ресницы
считает словно пыль огонь

и то что прежде не случалось
произойдёт наверняка
недаром сердце постучалось
в ткань хлопкового воротника

отчаяние это когда число окурков не совпадает с числом выкуренных сигарет
или кладёшь в чай ложку за ложкой сахарный песок
в темноте потому что выключив весь свет
до тебя в общем один звонок

ночи набегают друг на друга как волны словно всегда прилив
жаль что на песке не осталось совсем следов
кто_то слева постоянно подталкивает с leave
кто_то справа с life не зная обычных слов

встану оперевшись на косяк двери
сколько огней видно из окна вот так
только руку протяни на бери
раз пятак два пятак три пятак

уже ещё а сон не снится больше
под утро убрана кровать
в то что и после будет то же
поверишь только рано умирать

стол на столе кофейная дремота
я назову тебя пока их нет вблизи
замок замёрзший ранца небосвода
отщёлкнулся но солнца не спасли

в шесть букв давно разгаданное слово
написано простым карандашом
в пакет насыпать счастья развесного
и узелком на память хорошо

жизнь как свитер вытянутый в носке
с рваной ниткой дыркой на локте
время словно ветер переносит
вздрагивая стыло в темноте

сквозняком обёрнутые плечи
ночи сном пробитые насквозь
скажешь час а пролетела вечность
с настоящим календарным врозь

только свет_и значит не напрасно
воздух нас считает за своих
вечер яблок от заката красных
прячет смерть за самый дальний риф

немного безвозвратно всё это_говоришь_и тепло и конец субботы
разговор со вчерашнего я же знаю одно
снег идёт сегодня и под снегом кто_то
пробирается к магазину «Вино»

светофоры жмурятся свет в груди то ярче то тише
свойства холода научили меня застёгивать на все пуговицы пальто
кажется что всё это сон_и руки и как ты тихонько дышишь
в воротник прежде чем спуститься в метро

мне ведь тоже многое непонятно для чего пропадают куда_то
сказанные слова и след от пальцев не держит тепла совсем
только белым всё залито тесно и беспощадно
мы же условились встретиться в семь

от внутреннего хорошо тепла
как чашка на столе стоит без зла
и видно из окна как воробей
клюёт рябину сгорбившись над ней

простая речь написанная днём
в котором тихим чиркаешь огнём
и каждый обозначенный предмет
о том чего здесь не было и нет

тепло любви внутри груди зерном
и сердце бьётся тихо об одном
небесная ладонь прикрыла твердь
затем чтоб не разгадывали смерть

я отступаю на ступеньку выше в метро ты шепчешь_не сомневаюсь
в этот момент поезд белым зрачком гудит из тоннеля
люди шумят радиоголос напоминает о террористах а я понимаю
что мы с тобой тонем а вокруг поднимается пена

даже тот факт что сегодня я выпила только кофе утром
или что ты в это холодное время совершенно без шапки
но яблоки созревают лишь к сентябрю а до этого будто
спят спрятавшись в листья поэтому вряд ли

позже я возвращалась домой тихой своей дорогой
ты забываешь мне что_то сказать и шлёшь смску
и наконец деревья которые так растрогали
небо покрываются зеленью дальше мне неизвестно

свет за окном говорит зима зима
а у твоих ног течёт река
это молочное время сводит порой с ума
а ты меланхолик и не пьёшь молока

опуская драматические моменты дней
всё по_взрослому кофе вопрос ответ
жизнь обретает смысл когда на ней
есть отпечатки пальцев прошедших лет

мои руки пахнут яблоками
твои сигаретами
птицы изрыли небо ямками
в которых песком сухость света

некоторые условия вроде подоконника
приучают тебя к молчанию
спрашиваешь что угодно
а я только пожимаю плечами

может это неправильно может
именно за это горят в аду
но пальцы рисуют на коже
I love you

биться при любых условиях свойство сердца
выгоревшая свеча словно от отчаяния сделанная манта
опираешься на стену если больше не на что опереться
ночь заканчивается не раньше утра

чувства часто сиамские близнецы или двуликий янус
за окном молчат деревья и улица не о тебе
взятый птицей самый верхний ярус
трещина кровит на губе

шепчешь пустоте какие_то слова посторонним принятые за молитву
потому что говорит нет доступа мобильная связь
непонятно кто проиграл кто выиграл битву
свет в окне горел а потом погас

когда утром кофейная банка оказывается пустой
для окурков_улыбнёшься_и бросишь туда бычок
а у меня ладонь давно покрылась листвой
и травой а в траве поселился жить сверчок

промолчу сглотну снежно метёт метель
ноги без тапок мёрзнут но тапок в доме нет
сколько уже прошло с того дня недель
как всё больше темнота и всё меньше свет

в ванной открою воду и пущу по ручью ладью
из салатного листа пусть себе вдаль плывёт
с каждым рассвело кто_то отдаёт благодарность дню
испаряясь к вечеру словно йод

сказать слова и ждать на них ответа
шершавый воздух подмосковный склад
вещей среди которых лыжи сигарета
чуть запоздавший яблочный закат

ни воробья ни снегиря на ветке
казалось мир не выдал никого
и милосердным был по части света
горел торшер чтоб не было темно

посыпан солью неба край растёртый
скользят лишь те кто не нашёл зачем
дыхание отогревает стёкла
и в ночь светлеют уголки плечей

вроде отсутствия планов на вечер чего_то такого
жить равнодушно глядя на снег умирать от любви
время пытаться вместить в обычное слово
небо доказывает let it be

счёт который идёт от мужского к женскому роду
хрупко_останься_январь превращает в апрель
ночью все сны подобны подземному ходу
вздрагиваешь от того что скрипнула дверь

просто прошу не ломай ветром веток рябины
чтобы не больно было смотреть сквозь стекло
снег и асфальт и земля и песок с примесью глины
лучшего материала быть не могло

шоссе запах бензина обгоняя по встречке
движется ангел белые крылья спрятав за плечи
где_то дальше ремонт гусеницы экскаватора
ангел притормозив из плоти сделался ватою

по одному кто до города кто до станции кто до обочины
где столбы с объявлениями пестрят надписью срочно
жизнь давно перешедшая в район новостроек
светится планшетником в руке в машине нас трое

только что по радиостанции было о прогнозе погоды
выйдешь за сигаретами у ларька вспомнишь кто ты
свет такой зимой что никуда не деться
ватный ангел в кармане в области сердца

спрашиваешь как _ а у нас прежнее ч\б окон сделанные негативы
здесь чаще молчишь или рисуешь ангелов на снегу чтобы спасали наверняка
каждый второй похож на давнюю любовь те же глаза скулы лба те же линии
каждого третьего видишь только издалека

растирая пепел в пыль цвета как любимый свитер
есть такие вещи которые всё равно
вроде жил как жил в меру ненавидел злился завидовал
смотришь на стекло а твоё дыхание тепло тепло

осенью ты говорил одно и одевался ветрено
а зимой стали другие слова и аллеи под снегом
я чего_то не понимаю наверное
особенно про бессмертие ну и не стоит об этом

утро которое началось с прожжённого пододеяльника
тихой тоске по весне а за окном всё белое
кофе убежал а так — всё нормально
телефон правда молчит только я так и хотела

по новостям передают что пробки сердце передаёт что устало
(это когда разговаривают не с тобой а кем_то ещё незнакомым)
думала сначала — пройдёт — а потом перестала
только постель заправила ровно ровно

сезонная тоска по небу в голубом
себе_а ты ли это замерший у двери
металл соседней крыши овсянка серый дом
ты был живым во сне (во сне по крайней мере)

черты лица едва ли скажут что ты есть
на вспыхнувшем экране новость о погоде
день скажет что прошёл заканчиваясь в шесть
а вечером совсем другие планы вроде

(я помню те глаза которыми смотрел
ты вставший вдруг так близко что не прикоснуться
нельзя и воздух весь прошёл и разом потемнел
и стала ночь в которой медлила проснуться)

ветер который ходит вокруг да около
вроде печального не уходи
едешь в машине с грязными окнами
даже если не особенно по пути

молча о чём_то своём подумаешь
временами не думаешь ни о чём
только манжеты расстёгиваешь душные
чувствуя воздух плечом

и без тебя поднимается облако
выше других это чья_то ладонь
о сероглазой весне напомнила
нежной траве ветках с листвой

снег пока лежит как_то наверняка крыши белые
я тебе хотела сказать слова но не успела
ладно, думаю, вот проявится до конца асфальт станет легче
слишком голая душа, голые плечи.

ладно, думаю, всё скажу с первой зеленью
если сигареты как всегда не закончатся
раньше мне рассказывали про такое я не верила
а теперь случилось и ничего не хочется

после всего смотришь мир всё так же
пуст и прозрачен с какого_то этажа
едет лифт с какого не скажешь даже
только кажется это движется чья_то душа

мысль о тебе поселилась в районе сердца
ложкой размешивая сахар не думаешь ни о чём
скоро март но почему_то не верится
тень словно ангел замерла за плечом

знаю нужно иначе смотреть на вещи
легче всё забывать не принимать всерьёз
ветка рябины так на ветру трепещет
что не сдержаться от слёз

к стеклу прижавшись лбом_огни
едва ли дождь но так стучит похоже
давай условимся что будем не одни
пока разбросаны как родинки по коже

ещё чуть_чуть и уровень весны
достигнет горла так что станет душно
хотя бы ветки и асфальт ясны
а остального объяснять не нужно

и каждый раз казалось навсегда
а было то что есть на самом деле
включённая холодная вода
звонок не чаще раз в неделю

потом случался снегопад
и вовсе заносил попытки связи
тогда уже не рай не ад
а что ли волосы себе покрасить

и только лампочка вечерняя была
как уголок живого ещё сердца
всё ничего твердила пастила
которой не могла наесться

я жду все эти сливы и осоку
под снегом сад хранит секреты дней
когда я думала что слава богу
земля и жизнь которая на ней

дожди пойдут открытым будет ворот
всё помнишь почему_то назубок
как по ладоням теплым влага сходит
и как земля уходит из_под ног

потом стучит вода в железной бочке
и всё равно какой сегодня день
и жизнь такая словно что захочешь
пока от яблони на стол немая тень

как хорошо когда сырых дорог снаружи
раздастся шёпот и окно открыто
а ты стоишь возле окна и слушаешь
сегодня можно и без свитера

и не помыта чашка со вчерашнего
но мир на месте галки и рябина
и кажется что ничего нет страшного
а лишь весенняя вода и глина

в карманы руки и туда куда_то
минуя магазины и палатки
и воздух словно вспоминая дату
кладёт ладонь между лопатками

как будто нежность вслух произнести
когда на первые попытки почек
зачем_то говоришь прости
зачем_то слезы ближе к ночи

и вдруг как будто ты там за спиной
молчишь но я все знаю точно
когда рукой прозрачной и слепой
и кажется жизнь не закончится

ты сказал мне — не рисуй больше ничего на коже
я смолчала и про себя — ты тоже

дождь теперь на асфальте размытые классики
точно сумерки прямо с утра — так спокойнее
эта безъязыкая вода всё закрасит
помни обо мне если надо а не надо — не помни

потихоньку внутри оставшееся живое

сигарета время от времени отворачиваясь к стене
день неделя месяц а потом балтийское море
смотришь безразлично — всё ведь точно такое
как оставит кто_то очень давно не при мне

тарковский — когда запущен сад
все обнажив — и яблочные раны
и птиц что бьются невпопад
а ты застал проснувшись рано

дощатый пол и много говорить
не позволяет этот быт садовый
где тонко паутины нить
то светится то пропадает снова

и беззащитны плечи в наготе
и ты не знал как будто прежде
о чем все это — чашка на столе
и смятая в углу одежда

как будто если скажешь — ты услышишь
квартира потемневшая дождём
ещё не стало время дикой вишни
которую мы берегли вдвоём

в горсти храня твой теплый шепот
чтоб не рассыпался а был всегда живой
смотрю как терпеливо штопает
прореху окон ниткой дождевой

и надо что_то самое простое
но ускользает всё водой из рук
и пьёшь раствор на памяти настоян
и имя произносишь вслух

медленно сходит снег оставляя любовь неприкрытой
переходят обратно в шкафы
ангел шар и ангел свитера
маленький рай стерегут шерстяные львы

дышишь что март наконец прохладная кожа
жизнь победила в который раз
хочется до ствола древесного дотронуться невозможно
и чтобы слёзы из глаз

знаешь всё это придумано ради встречи
пальцев сухих и шёпота о своём
воздух весенний нет разборчивей речи
неба медлительный водоём

окно гремит а кажется что небо
услышав всё дословно про тебя
на градуснике не весна плацебо
потерянное перышко синицы воробья

когда ещё вот так впитаешь сырость
простые запахи железа и камней
мне странно что совсем не изменилось
течение ночей и дней

нормально лучшее приснилось
давно всё названо и нечего теперь
тебя вдруг вспомнив тихо через силу
свою же открывать без стука дверь

это прекрасное я хорошо запомнила
мы ехали в метро ты и я
и у тебя возле глаза билась голубая жилка до которой
дотронуться я не смогла

мы потом ещё говорили о чём_то
переспрашивая друг друга в метро так шумят поезда
а ещё в метро не видно закатов восходов
только глаза в глаза

нас ничто не спасёт но хотя бы пока
не успело накрыть есть возможность
друг для друга дыханьем создать облака
рассмотреть эти родинки кожи

расскажи мне ещё раз что всё хорошо
даже пусть это будет всё в общем
но мне кажется только от этого зло
отступает а света всё больше

я не знаю о чём написать тебе смс
потому что печаль занимает пространство
будем ждать этой жизни где ливни с небес
и зажившая ранка под пластырем

одиночество это когда видишь птиц из окна их крылья
сбив ртутный столб до такого более менее
словно в бреду повторяя зачем_то были были
на диване ничком подобрав под себя колени

это кружка пустая без чая и мысли о мае
жизнь во всех уголках небо каждые пять самолетное
а тебе идиоту не ясно никак ты не понимаешь
почему даже кошка вот эта окажется мертвой

пусть хотя бы нет в воздухе дефицита
умереть от любви недостойно владельца айфона
только господи как же всё это красиво
через слезы дорога и дерева голая крона

через окно в котором всё прошло
вчерашнее вопросы и тревоги
всё так же равнодушно хорошо
деревья улица дорога

решить внутри себя простую вещь
надеть сегодня хлопковое что_то
увидеть небо что пытается сберечь
тебя подумать да пошло ты

сказать себе никто не виноват
и с этой фразой выйти из подъезда
дверь скрипнет ты оглянешься назад
там никого пустое место

а то что мы словами не спасли
спасётся пальцами холодными руками
виском который вычитает дни
а мы за ним не успеваем

пусть всё как есть но в этом всё как есть
и ты и я лишившись дара речи
по воздуху пытаемся прочесть
запястья шею плечи

полюбила места где нет никого совсем
никого совсем кроме стен асфальта стен
кроме выдох вдох что пришёл уже
а какой_то яд всё равно в душе

полюбила пыльные мостовые нигде
где никто не спросит зачем и где
и играет воздух то джаз то блюз
чуть послушаю улыбнусь

приснится что прошло и всё в порядке
проснёшься и ослепнешь белый свет
неловко там внизу отыскивая тапки
упрямо словно ничего важнее нет

потом на улицу опять не по погоде
тебя _ну как_ а ты молчишь молчишь
ни в чём не сознавался вроде
а снег пошёл и вот не видно крыш

привычные уже слепые небеса
за стенкой лифт туда_сюда как будто ищет
какой из нас посмел закрыть глаза
на честное окно всего на свете тише

подумать как же так на белый горизонт
придраться к потолку поскольку тоже белый
и слово ад прочесть наоборот
прислушавшись к сердцебиенью слева

можно было бы всё забыть но я не в силах
пью свой кофе тиканье на руке часов
здесь не нужно даже самых красивых
слов

что_то не то всё время и не о том всё время
смотришь от слёз поседели совсем глаза
может быть эти слова заменимы теми
что совсем нельзя

вроде мини_отеля, где достаточно быстро переходят на ты
потому что дальше уже ничего не будет. обязательный берег. на берегу
всегда кажется, что ты мне пишешь письма. или я пишу тебе письма.
                                                          не так одиноко.
здесь каждый старается что_то оставить после себя — какой_нибудь камень,
                                                          надпись гвоздем
на стене — это похоже на попытку разбудить спящего, но спящий не слышит.
там всегда немного грустно. потому что некоторые места
существуют только для тех, кто вдвоём.
но тебе это кажется немного странным. у тебя при себе всегда есть
прикосновения и запах — твой запах, они никогда не оставляют тебя
                                                          почему_то.
иногда ты не понимаешь себя — для чего был сделан этот шаг от — особенно
глядя на то, как деревья переплетаются над тобой ветками,
будто защищая тебя от неба.
тогда ты шепчешь — прости.
потом ты пугаешься близости рук, которые будто заявляют на тебя права.
как глупо. понимаешь это спустя. и опять становится поздно.
так ты выбираешь побережье, немного вина и сигареты.
                                  чтобы молча переждать себя, надеясь,
что тебе не позволят — вот так — слишком долго.
когда слишком долго — ты погибаешь.
ты обещаешь себе — выдохнуть этот страх, выдохнуть, выпустить,
                                          превратить его в птицу.
ты словно просишь об одном — дай мне привыкнуть.
дальше — какие_то слова, люди, бары, кафе с плохим и не очень кофе.
                                  но всё это совершенно неважно.
потому что снова ищешь ладонь и не знаешь как долго.

не зная толком были или не были вообще
есть вещи что становятся яснее только при дожде
когда в ладонь протянутую набираешь горсть воды
и руки мокрые и точно знаешь_ты

а так беззвучно улица в окне
как грустный сон который постоянно снится мне
открыто небо но привыкшее молчать
не станет и теперь на что_то отвечать

навсегда во мне это — воздух перед грозой, влажный и тёмный.
кажется, что это приближаешься ты. кажется, всё происходит именно так.
потемневшие стены, мебель. внезапные сумерки и внезапно —
ты застаешь любовь беззащитной и обнаженной.
дождь всегда обещает жизнь, и ты слушаешь его не отрываясь.
этого ты больше не выпустишь из рук.
сигарета за сигаретой. можно было бы просто перечислить факты, и ты бы сказал
— мне всё ясно. но это было бы слишком просто.
солнце уже другое. и выходя ты чувствуешь, что влюблен в переносицы крыш,
асфальта, эту сухость и честность, которую ты сохранишь под джинсовкой.
промолчишь — ничего. купишь вина, что_то ещё — неважно.

это в детстве я любила всякие трагические истории
а теперь молча сижу у окна
хорошо что чёрная водолазка хорошо что вторник
и ещё это дерево у подъезда которое не позволит сойти с ума

после ждёшь транспорт на снегу что_то пишешь подошвой
слишком долго чтобы не помнить слишком быстро чтобы забыть
я уйду и надпись моя запорошится
не останется даже размера стопы

чай с лимоном к весне надо что_то с обувью
и вообще в футболках больше смысла чем в чём_то другом
вот температура на улице только станет комнатной
чаще станешь произносить_потом

вино с собой и парка трафарет
скамейки все пусты не по сезону
был дождь заметишь — а в ответ
вода принявшая земную форму

как жалко что вот это всё нельзя
взять в дом к себе и одомашить
и голый куст глядит тебе в глаза
как ты глядел в глаза однажды

сеть не берёт и ты начистоту
сейчас вот вспомни так чтоб захотелось
вдруг обернуться словно на шаги
и надорвать конверт в кармане слева

так пахнет сигаретным дымом и весной
два воздуха отдельных друг от друга
и небо на поговори со мной
с плеча невидимую убирает руку

из двух картинок выберешь одну
ту что с шоссе ручьем и фонарями
и шепчешь если ненадолго я умру
пусть это будет только между нами

из ясного сухие кромки крыш
и стоимость звонка не в денежном размере
на воздухе немного постоишь
покуришь и опять к железной двери

можешь считать это тебе письмом.
ветер в нашу сторону, и дом — насквозь —
этим снегирным, синичьим, а я —
сижу и мне безразлично. нет, не совсем. просто
я хочу — тёплого — воздуха.

это когда не можешь сказать лично, в глаза
пишешь — придя в себя после сна
с помощью кофе, взгляда туда, где песочница и качели.
этот — взгляд — не имеет значения.
потому что перед ним что_то другое —
глубокое голубое море.

знаешь, я часто вижу параллельные места —
одинаковые на вид, но в них незаметно
видимо то, что я хотела всегда сказать —
в том параллельном месте всё иначе — нет снега и ветра.
там спокойно, там всё уже произнесено.
только — знаешь — меня почему_то тянет всегда обратно.
в этот — пустырь — где нет совершенно снов,
где столбы фонарей, улица и — мне —
всё понятно.

о жизни воробьи с ближайшего куста
и ты невыспавшийся слушаешь как можешь
поверить силясь в то что неспроста
живёшь и умираешь тоже

как будто кто_то всё предусмотрел
сезонные депрессии болезни
и скоро выпустит наружу чистотел
отчаяние ласточкиной песни

а у тебя свой потолочный космос как
спасение от большего чего_то
и держишь сигаретный дым в руках
как часть предгрозового небосвода

о том что греет нежно и тепло
и вкруг деревьев образует лунки
нетронут завтрак спутано число
календаря записка в чёрной сумке

как будто жизнь пустившая ростки
в кусочках дерева когда ты был не в силах
брала тебя на руки и несла
и лишь её следы тянулись синим

теперь доходит дело до воды
и нерождённых листьев слышен шёпот
и сердце перейдя на ты
отогреваясь тихо_хорошо бы

потому что это не с тобой случаются истории которые хорошо заканчиваются
это нагоняет тебя по пути и не оставляет до самого пункта назначения
ветки голой весны так похожи на прохладные пальцы
которыми перебираешь сигарету но это не имеет значения

что_то своё имеешь в виду произнося — ты — по дороге
с неуслышанными мыслями всегда спокойнее
хорошо что от этого не рушатся долгие
облака которые вечером наблюдаешь с балкона

оглянешься_и всё простые вещи
вскипевший чайник ветер из окна
от света лампы каждая из трещин
на подоконнике видна

и что_то решено но это позже
правдивым самым ночью небеса
где звёзды словно родинки по коже
рассыпаны и сосчитать нельзя

это ты сказал что многого сказать нельзя невозможно
я теперь об этом вспомнила и молчу
и весна такая светлая тонкокожая
что едва кому_нибудь по плечу

потому что нет названия пальцам от света грустным
и когда окажешься наедине
весь английский твой французский русский
побегут мурашками по спине

СОДЕРЖАНИЕ

www.ingramcontent.com/pod-product-compliance
Lightning Source LLC
Chambersburg PA
CBHW060041040426
42331CB00032B/1995

9 781938 781353